Vente après Décès de M. ROLLAND

ET EN VERTU D'ORDONNANCE

Les Lundi 8 et Mardi 9 Mai 1893

A DEUX HEURES

HOTEL DROUOT, SALLE N° 1

MEUBLES ANCIENS

ET DE STYLE

DES XVIIe ET XVIIIe SIÈCLES

BRONZES D'AMEUBLEMENT

LUSTRE EN CRISTAL DE ROCHE

Curiosités — Porcelaines — Faïences — Objets divers

EXPOSITION PUBLIQUE

LE DIMANCHE 7 MAI 1893

De 1 heure 1/2 à 5 heures 1/2

Me LEMOINE	M. B. LASQUIN
COMMISSAIRE-PRISEUR	EXPERT
Rue Lafayette, 91	Rue Laffitte, 12

PARIS — 1893

IMPRIMERIE MAULDE ET RENOU

A. MAULDE & Cie

IMPRIMEURS DE LA COMPAGNIE DES COMMISSAIRES-PRISEURS

Rue de Rivoli, 144. — Paris

CATALOGUE

DE

MEUBLES ANCIENS

ET DE STYLE

DES XVIIe ET XVIIIe SIÈCLES

Vitrines, Bureaux, Commodes
Secrétaires, Tables, Encoignures, Armoires, Consoles, Sièges
en acajou, bois de rose, marqueterie et bois sculpté

CABINET LOUIS XIII EN ÉBÈNE SCULPTÉ

BRONZES D'AMEUBLEMENT

Pendules, Chenets, Flambeaux, Candélabres
Girandoles
Louis XIV, Louis XV et Louis XVI

LUSTRE EN CRISTAL DE ROCHE

Curiosités — Porcelaines — Faïences — Objets divers

DONT LA VENTE AURA LIEU

Après Décès de **M. ROLLAND**

ET EN VERTU D'ORDONNANCE

HOTEL DROUOT, SALLE N° 1

Les Lundi 8 et Mardi 9 Mai 1893

A DEUX HEURES

Par le ministère de **Me LEMOINE**, Commissaire-Priseur
rue Lafayette, 91
Assisté de **M. B. LASQUIN**, Expert, rue Laffitte, 12

EXPOSITION PUBLIQUE

Le Dimanche 7 Mai 1893, de 1 heure 1/2 à 5 heures 1/2

PARIS — 1893

CONDITIONS DE LA VENTE

—

Elle sera faite au comptant.

Les Acquéreurs paieront CINQ POUR CENT en sus des enchères.

A. MAULDE et Cⁱᵉ, imprimeurs de la Compagnie des Commissaires-Priseurs,
rue de Rivoli, 144.　　600—33074

DÉSIGNATION

MEUBLES ANCIENS ET DE STYLE

1 — Grande et belle Armoire Louis XIV, en acajou
sculpté et à moulures; elle ouvre à deux portes; le
bas contient un tiroir.

2 — Jolie Console Louis XV, en bois de chêne sculpté
à jour, à ornements rocaille et doré.

3 — Bonheur-du-Jour Louis XVI, en acajou cannelé
de cuivre; le haut ouvre à une porte à glace, et les
côtés forment étagères bordés de galeries à draperies ainsi que le dessus en marbre brocatelle.

4 — Petite Commode Louis XV, forme contournée, à
deux rangs de tiroirs, en marqueterie de bois de
violette et palissandre et ornée de bronzes.

5 — Vitrine Louis XV, en bois de violette et bois de
rose, ornée de bronzes; elle ouvre à deux portes.

6 — Commode Louis XIV, à trois rangs de tiroirs en
placage de palissandre, garnie de poignées en
bronze. Dessus de marbre.

7 — Commode Louis XVI, à trois rangs de tiroirs, en
marqueterie de bois de rose et d'érable à encadre-
ments de grecques et frises de rinceaux, ornée de
bronzes dorés. Dessus de marbre.

8 — Bureau plat Louis XVI, en bois d'acajou, à moulures de perles, bandes striées et quart de rond en
bronze.

9 — Table de style Louis XIII, à entrejambe reliant
les pieds gaînés. Elle est entièrement marquetée en
bois de couleur à fleurs et ornements.

10 — Secrétaire Louis XVI, en acajou et citronnier; le
bas ouvrant à deux portes, garni de moulures de
bronze et à dessus de marbre brocatelle à galerie.

11 — Commode Louis XVI, accompagnant le Secrétaire qui précède.

12 — Deux grandes Encoignures de style Louis XV,
en bois de rose marqueté, ornées de chutes et de
motifs en bronze. Dessus de marbre brèche d'Alep.

13 — Buffet Louis XVI, en acajou, à colonnettes cannelées et à moulures de cuivre.

14 — Encoignure-Étagère Louis XVI, en acajou, garnie de bronzes dorés et à dessus de marbre blanc
avec galerie.

15 — Petite Armoire Louis XIV, en bois satiné, ouvrant
à deux portes, ornées chacuue de trois panneaux
d'ancien laque rouge, avec ferrures en cuivre.

16 — Belle Commode de style Louis XV, à trois rangs
de tiroirs, en bois de rose marqueté à fleurs, rubans
et instruments de musique, garnie de chutes, de
griffes de lion et d'ornements en bronze doré.

17 — Petit Bureau, style Louis XV, à cylndre et pieds
contournés, en marqueterie de bois de placage.

18 — Petite Console Louis XVI, en acajou, ornée de
bronzes; dessus de marbre à galerie de cuivre.

19 — Grande Table-Bureau, de style Louis XVI, à
pieds carrés fuselés, en bois de rose garni d'un
quart de rond et de moulures à perles en bronze.

20 — Bibliothèque, de style Louis XV, le haut cintré,
en bois satiné, ornée de bronzes.

21 — Chiffonnier Louis XVI, à neuf tiroirs, en bois
d'acajou, à moulures de perles en bronze. Dessus de
marbre, à galerie de cuivre.

22 — Commode Louis XVI, à trois rangs de tiroirs, en
bois d'acajou, à moulures de perles. Dessus de
marbre.

23 — Petite Vitrine Louis XVI, à hauteur d'appui,
à côtés concaves et à colonnettes cannelées, en acajou,
ornée de moulureset de modillons en bronze doré.

24 — Chiffonnier de style Régence, à sept tiroirs, en bois
de violette et bois de rose, richement orné de bronzes.

poignées, entrées de serrures et motifs rocailles.
Dessus de marbre.

25 — Bureau à cylindre style Louis XVI, en acajou, à
moulures de cuivre.

26 — Armoire de style Louis XIV, le haut à gorge, en
bois noir incrusté de filets de cuivre.

27 — Toilette Louis XVI, en acajou, à moulures de
perles en bronze doré.

28 — Vitrine de style Louis XV, en placage de palissandre
à coins arrondis et cannelés de cuivre.

29 — Bureau Louis XV, ouvrant et abattant en bois de
placage marqueté à filets et garni de bronzes.

30 — Bonheur-du-Jour, style Louis XVI, le haut à
angles arrondis formant étagère, en acajou orné de
moulures de bronze. Dessus de marbre brocatelle.

31 — Deux Encoignures, style Louis XV, en marqueterie de bois de rose à damier et tiges de fleurs, à
à dessus de marbre brèche d'Alep.

32 — Régulateur Louis XVI, en acajou, à moulures de
bronze.

33 — Vitrine étroite de style Louis XV, en palissandre,
avec intérieur garni de glace.

34 — Petite Commode de style Louis XV, en bois marqueté, à fleurs et ornée de bronzes rocaille. Dessus
de marbre brèche d'Alep.

35 — Toilette Louis XV, en bois satiné et bois de violette.

36 — Table de nuit forme chiffonnier. Style Louis XVI, en acajou, à moulures de cuivre.

37 — Petit Bureau plat de style Louis XV, de forme contournée, en bois satiné et bois de violette, garni de chutes et de sabots en bronze doré et entouré d'un quart de rond en cuivre.

38 — Toilette style Louis XV, en bois marqueté, à bouquets de fleurs et à pieds contournés.

39 — Petite Table Louis XV, à dessus en marqueterie et bois satiné.

40 — Commode Louis XV, à trois rangs de tiroirs en bois d'amarante, ornée de bronzes et de moulures de cuivre. Dessus de marbre.

41 — Table à jouer, enveloppe, style Louis XVI, en acajou et cannelures de cuivre.

42 — Cabinet ouvrant à abattant et garnis de tiroirs à l'intérieur, en laque burgauté, garni d'écoinçons de cuivre.

43 — Petite Commode style Louis XV, forme contournée à trois tiroirs, en bois satiné marqueté, à filets. Dessus de marbre.

44 — Table à ouvrage Louis XVI, en acajou, à moulure de cuivre. Dessus de marbre blanc, avec galerie.

45 — Petite Table forme Louis XV, à contours en bois
de violette et garnie de bronzes.

46 — Table à ouvrage style Louis XV, forme ovale, en
bois satiné. Dessus de marbre brèche, avec galerie.

47 — Secrétaire Louis XVI, à angles coupés, en bois
d'acajou, garni de bronzes et de rangs de perles.
Dessus de marbre blanc.

48 — Bureau de style Louis XV, à pieds contournés.
Dessus et ceinture en marqueterie de bois, à fleurs
et ornements.

49 — Deux Meubles d'entre-deux, style Louis XIII, en
marqueterie de bois et d'ivoire, à vase fleurs.

50 — Secrétaire Louis XVI, en bois satiné, bois de rose
et amarante. Dessus de marbre.

51 — Deux petites Encoignures Louis XVI, en bois
satiné et marqueté à vases de fleurs.

52 — Glace à large bordure, à ramages et figures
d'Amours en bois doré.

53 — Petite Table forme rognon en vernis genre Martin,
décorée d'un sujet genre Watteau.

54 — Table à ouvrage ovale avec pieds à ressauts, en
acajou, garnie de cuivre et à dessus de marbre.

55 — Petit Chiffonnier genre Louis XVI, en bois satiné
et d'érable marqueté à fleurs. Dessus de marbre.

56 — Petite Table style Louis XVI, en bois satiné, pieds carrés fuselés.

57 — Table à jouer style Louis XVI, en acajou, à moulures de cuivre.

58 — Vitrine à deux portes, Louis XVI, en bois de rose et amarante, garnie de chutes et d'ornements de bronze.

59 — Vitrine à deux portes, Louis XVI, en acajou, à moulures de cuivre. Dessus de marbre blanc, à galerie de cuivre.

60 — Meuble bibliothèque à deux corps, le bas à portes pleines, le haut vitré, en acajou, à moulures de cuivre.

61 — Petite Table Louis XV, en bois de rose et amarante, à pieds contournés. Dessus entouré de bronze doré.

62 — Deux Encoignures Louis XVI, en marqueterie de bois, à quadrillage, garnie de bronzes.

63 — Table de nuit Louis XV, en bois de placage à dessus de marbre blanc.

64 — Tric-Trac ancien monté sur pieds carrés fuselés. Dessus marqueté à figures et cartes à jouer.

65 — Toilette Louis XVI, avec glace à l'intérieur, en acajou, à montures de cuivre.

66 — Petite Toilette Louis XV, et bois de rose.

67 — Régulateur Louis XVI, à cage en acajou, orné de moulures de bronze. Mouvement de *Sotiau*.

68 — Table de nuit de style Louis XV, en bois de rose incrusté de filets. Dessus de marbre.

69 — Table à jouer style Louis XVI, en acajou, à moulures de cuivre.

70 — Petite Table style Louis XV, forme rognon, à tablette d'entrejambe en bois satiné et de violette.

71 — Petit Meuble à porte, à coulisse et à deux tiroirs en bois de rose et amarante. Dessus de marbre, à galerie de cuivre. Style Louis XVI.

72 — Table de nuit genre Louis XVI, en acajou, à moulures de perles en bronze.

73 — Bureau Louis XVI, en acajou, à moulures de cuivre.

74 — Petit Secrétaire Chiffonnier style Louis XVI, acajou, à moulures de cuivre.

75 — Table Louis XVI, en bois satiné et amarante.

76 — Toilette d'homme en acajou Louis XVI, garnie de moulures et de poignées de cuivre.

77 — Commode Louis XVI, à trois rangs de tiroirs en bois de placage marqueté, à filets et grecques. Dessus de marbre.

78 — Horloge Louis XVI, dans une gaîne en bois sculpté, à médaillons, attributs et guirlandes de lauriers.

79 — Grand Ciel de lit Louis XVI, en bois sculpté et peint, à guirlande de lauriers et perles.

80-81-82 — Trois Secrétaires Louis XVI, en acajou, dont deux à angles coupés et cannelés.

83 — Meuble à deux corps, le haut vitré, en bois de couleur marqueté d'étain sur les montants.

84 — Banquette Louis XIII, en bois tourné.

85 — Secrétaire Louis XV en marqueterie de bois de rose, à damier avec intérieur à tiroir également plaqué de bois de rose.

86 — Commode Louis XVI, à trois rangs de tiroirs en acajou, à moulures de cuivre, dessus de marbre blanc, à galerie.

87 — Table tronchin Louis XVI, en acajou, à moulures de cuivre.

88 — Étagère d'encoignure en bois laqué.

89 — Table légère forme rognon, en bois d'acajou.

90 — Petit Écran Empire, en acajou.

91 — Glace de style Louis XIII, garnie de cuivre.

92 — Glace à bordure d'ébène. Style Louis XIII.

93 — Bergère Louis XVI, en bois sculpté à rubans.

94 — Fauteuil Louis XV, en bois sculpté.

95 — Fauteuil Louis XIV.

96 — Quatre Chaises de style Louis XVI.

97 — Bel Encadrement de glace du temps de Louis XVI, en bois sculpté, de forme cintrée, orné de guirlandes et surmonté d'une frise, de rinceaux, avec tête de bélier au centre.

98 — Couronnement de bibliothèque formé d'une couronne de feuilles de chêne sur un listel, en bois sculpté.

99 — Petite Console Louis XV, en bois sculpté et doré.

100 — Cadre de glace Louis XV, en bois sculpté, peint en vert.

101 — Cadre Louis XIV.

102 — Écran, style Louis XIV, en bois de chêne découpé et sculpté, peint en blanc, feuille en soie.

103 — Baromètre Louis XVI, en bois doré.

104 — Baromètre Louis XV, en bois doré.

105 — Trois Cadres Louis XIV, en bois doré et peint.

106 — Très petite Table forme Louis XV, en bois de violette et satiné.

107 — Table à ouvrage, style Louis XVI, forme carrée, en acajou, à moulures de cuivre, dessus de marbre blanc, à galerie.

108 — Bureau de forme Louis XV, à contours, ouvrant
à abattant en bois marqueté à branches de feuillages
et garni de bronzes.

109 — Table-Bureau de style Louis XV, en bois satiné,
garnie d'un quart de rond, de chutes et de sabots en
bronze.

110 — Toilette style Louis XV en bois de rose et marqueterie à fleurs.

111 — Petite Table Chiffonnière basse, à trois tiroirs
en bois de rose. Dessus de marbre.

112 — Petite Toilette avec glace en palissandre, inscrutée
de cuivre.

113 — Petite Étagère d'applique en acajou. fermant à
deux petites portes marquetées à filets.

114 — Petite Table à ouvrage Empire. à pieds carrés
évidés, en bois d'acajou.

115 — Étagère d'encoignure Louis XV, en marqueterie
de bois de placage.

116 — Grand Canapé Louis XVI, en bois sculpté. à
rais de cœur et perles, garni de velours rouge.

117 — Cinq Bois de fauteuils Louis XV.

118 — Onze Chaises Louis XIII, bois tourné, garnies
de moquette.

119 — Deux Panneaux d'armoire Louis XV, en bois
sculpté et moulure.

120 — Deux Portes de crédence en bois sculpté Louis XIII.

121 — Petit Coffret bois gravé.

122 — Guéridon Louis XV.

123 — Guéridon Louis XVI.

124 — Beau Cabinet Louis XIII, en ébène sculpté, à sujet de figures, sur son support à colonnettes ornées.

LUSTRE EN CRISTAL DE ROCHE

125 — Beau Lustre à 28 lumières de style Louis XIV, en bronze doré, garni de pièces d'enfilage et de plaquettes en *cristal de roche* taillé.

BRONZES D'AMEUBLEMENT, PENDULES

126 — Deux belles Cassolettes de style Louis XVI, formées de vases en marbre griotte montés sur des trépieds à têtes de béliers en bronze doré.

127 — Pendule d'un beau modèle Louis XV, en bronze
ciselé et doré, à feuillages, trophée de musique et surmontée de fleurs, elle repose sur un socle de même
style en bronze.

128 — Deux Girandoles à quatre lumières en bronze
doré de style rocaille.

129 — Belle Pendule du temps de la Régence, de forme
contournée avec socle de suspension, en bois satiné
garni de jolis bronzes et surmontée d'une figure
d'amour.

130 — Deux jolis Chenets de style Louis XV, chacun
une figure d'Hébé montée sur un aigle et reposant
sur des socles à quatre pieds griffons ailés, en
bronze ciselé et doré.

131 — Deux Flambeaux d'un joli modèle Louis XV, en
bronze ciselé et doré, à guirlàndes et feuillages.

132 — Petite Écritoire de style Louis XIV, formée de
deux petits vases balustres sur un plateau, à quatre
pieds feuillages, en bronze ciselé et doré.

133 — Deux Candélabres à cinq lumières, formés de
vases Médicis, en marbre griotte à anses têtes de
béliers et socles à tores de lauriers en bronze doré,
ils supportent des bouquets d'œillets et de roses
également en bronze doré.

134 — Pendule religieuse, modèle riche, à colonnettes
en marqueterie d'étain, de cuivre et d'écaille.

135 — Petite Pendule, style Louis XV, avec son socle
en marqueterie de cuivre, ornée de bronzes.

136 — Deux grands et beaux Chenets de style
Louis XVI, en bronze ciselé et doré, à vases cassolettes et trépieds montés sur des galeries à portes et
branches de lauriers.

137 — Pendule de style Louis XVI, en bronze ciselé et
doré, joli modèle, à large cadran supporté par deux
volutes de feuillages et surmonté d'une figure
d'amour jouant avec un chien.

138 — Deux Girandoles à quatre lumières, bronze ciselé
et doré, supportées par des flambeaux à tige et base
cannelées; au centre est un vase cassolette.

139 — Pendule style Louis XVI, en bronze ciselé et
doré au mat; le cadran dans un fût entre deux
volutes et surmonté d'un médaillon entouré de deux
branches de lauriers et de deux cornes d'abondance.

140 — Deux petits Candélabres de style Louis XVI, formés de vases ovoïdes en marbre blanc à piédouche,
têtes de faunes et guirlandes, et supportant des
bouquets d'œillets, à quatre lumières, en bronze
doré au mat.

141 — Cartel du temps de Louis XVI, en bronze ciselé
et doré, à festons de lauriers et vase cassolette.

142 — Paire de deux belles Appliques à trois lumières,
style Louis XVI, modèle composé d'une gaine supportant trois branches reliées par une draperie et
festons de lauriers et surmontée d'un vase.

143 — Grande Pendule de style Louis XIV, en marqueterie de cuivre et d'écaille, ornée de chutes, cariatides
et enroulements en bronze.

144 — Pendule style Louis XIV, en ébène, ornée de
deux pilastres à chapiteaux et incrustée de filets de
cuivre.

145 — Deux Chenets style Louis XVI, lions couchés,
en bronze patiné vert, sur socles en bronze doré.

146 — Pendule de forme dite religieuse, à colonnettes,
à chapiteaux, en marqueterie de cuivre, d'écaille,
d'étain et bois noir, ornée de bronzes.

147 — Pendule de style Louis XV, en marqueterie de
cuivre et d'écaille, ornée de bronze.

148 — Deux beaux Chenets de style Louis XVI, avec
galerie ajourée à rinceaux, fûts supportant un lion
et une grenade et un vase cassolette.

149 — Chenets style Régence, en bronze doré, lions
couchés sur des socles ornés, à contours.

150 — Petite Pendule Louis XVI, en marbre blanc et
bronze, en forme de temple. Le cadran, placé entre
quatre colonnettes, en bronze doré, le bas orné d'une
frise, le haut surmonté d'un vase.

151 — Deux Girandoles à quatre lumières d'un joli
modèle Louis XIV, de forme triangulaire, à sphinx,
têtes de béliers et ornements.

152 — Deux paires de Flambeaux de style Louis XIV,
à tige et base quadrangulaire, en bronze ciselé gravé
et doré.

153 — Deux Girandoles de style Louis XIV, à six

lumières sur tiges, balustres en bronze gravé, composées de pièces d'enfilages et de plaquettes en cristal.

154 — Grande Pendule en bronze ciselé et doré, avec figure de liseuse assise et bas-relief, jeux d'enfants. Style Louis XVI.

155 — Cartel de style Louis XVI, en bronze doré à guirlandes de lauriers et feuillages.

156 — Petit Cartel Louis XVI, en bronze doré, à festons de lauriers et vase.

157 — Deux Bouts-de-Table à deux lumières, en bronze ciselé et doré au mat.

158 — Petit Lustre style Louis XIV, en cuivre garni de cristaux, plaquettes et pièces d'enfilage.

159 — Lustre Empire en bronze, garni de cristaux taillés.

160 — Cartel de style Louis XV, en bronze doré, modèle à rocailles et fleurs surmonté d'un petit chinois.

161 — Pendule style Louis XVI, en bronze ciselé et doré, cadran dans un fût carré supportant une cassolette retenant une guirlande de lauriers.

162 — Cartel de style Louis XVI, en bronze doré, élégant modèle à mascaron, feuillages, draperies et vase.

163 — Paire d'Appliques Régence, à deux lumières, supportées par une figure d'Hermès.

164 — Paires de très belles Appliques de style Louis XVI, en bronze ciselé et doré au mat à deux branches porte-lumières enroulées autour d'un thirse ainsi que des feuilles de lierre.

165 — Jolie Pendule de style Régence, forme contournée, en marqueterie de cuivre et d'écaille, richement ornée de bronzes dorés. Sphinx bustes de femmes. figure de Danaé et surmontée d'un amour.

166 — Deux beaux Candélabres de style Régence, à base triangulaire ornés de sphinx, tige balustre supportant sept lumières sur des branches à têtes de béliers en bronze doré.

167 — Petite Pendule Louis XVI, à colonnettes en bronze ciselé et doré.

168 — Pendule de style Louis XVI, en bronze ciselé et doré, en forme de vase, à piédouche et à deux anses avec festons de fleurs entourant le cadran contenu dans le corps du vase. Socle en marbre blanc.

169 — Paire de grandes Girandoles de style Louis XIV, à dix lumières, en cuivre gravé, garnies de plaquettes de cristal.

170 — Deux petits Candélabres Louis XVI, à trois lumières supportées par des figures de femmes drapées, debout sur des socles en marbre blanc.

171 — Fontaine d'applique en ancienne porcelaine de Chine, décorée en émaux de famille verte d'un sujet de figures.

172 — Deux petites Girandoles, de style Louis XVI, a

trois lumières, sur fût cannelé avec tige d'œillets au
centre, en bronze ciselé et doré.

173 — Flambeau de bouillotte, à trois lumières, en
bronze doré.

174 — Flambeau de bouillotte, à deux lumières, style
Louis XVI, en bronze doré.

175 — Lanterne de vestibule, forme Louis XV.

176 — Lanterne de vestibule, forme Louis XVI.

177 — Deux Vases balustres en porcelaine de Canton,
avec montures en bronze.

178 — Deux Lampes, formées de vases, en faïence de
Delft, avec monture en bronze.

179 — Paire d'Appliques de style Louis XIV, à sept
lumières, en cuivre, garnies de cristaux.

180 — Pendule du temps de Louis XVI, en bronze
ciselé et doré. Le cadran supporté par un fût cannelé, orné de consoles et de guirlandes, au pied
duquel deux figures d'amours assis. Socle en marbre
blanc.

181-185 — Cinq paires de grands Flambeaux de l'époque
Louis XVI et de modèles variés.

186 — Deux Flambeaux Louis XVI, à tige cannelée, en
bronze doré.

187-191 — Cinq paires de Flambeaux en bronze doré

et argenté des styles Louis XIV, Louis XV et
Louis XVI.

192 — Paire d'Appliques à trois branches s'échappant
d'un mascaron en bronze. Style Louis XIV.

193 — Paire de Flambeaux de style Henri II, formés
de fûts cannelés sur bases larges, gravées.

194 — Autre paire de Flambeaux de même style, mais
plus simples d'ornementations.

195 — Paire de Bras style Louis XIV, à une branche
porte-lumière fixée au centre d'une rosace.

196 — Paire d'Appliques style Louis XVI, à deux
lumières, à guirlandes et vase, en bronze.

197 — Trois paires de Flambeaux Louis XIV et Louis
XV, en bronze.

198 — Petite Pendule Louis XVI, en marbre et bronze
doré, à mascarons sur les côtés.

199 — Deux Flambeaux-Cassolettes, vases sur fûts
cannelés, style Louis XVI, en bronze doré.

200 — Deux Appliques de style Régence, à deux lumières.

201 — Deux Appliques de style Louis XVI, à trois
lumières, branches de roses, en bronze ciselé et
doré.

202 — Paire de Flambeaux Louis XIV, en cuivre gravé.

203 — Paire de Flambeaux Louis XV, à ornements et feuillages en bronze doré.

204 — Paire d'Appliques à deux lumières, en forme de consoles, en bronze ciselé et doré.

205 — Flambeaux fûts en bronze.

206 — Flambeaux Louis XIV, à bustes médaillons.

207 — Flambeaux Louis XVI, grand modèle, à cannelures.

208 — Deux paires d'Appliques Louis XVI, à deux lumières.

209 — Deux Flambeaux gravés.

210 — Deux Chenets Louis XIII.

CURIOSITÉS, PORCELAINES

211 — Environ 34 pièces en porcelaine ancienne de Saxe, de Chine, faïence ancienne : Ecuelles, Tasses, Bols.

212 — Seau cylindrique en ancienne porcelaine du Japon, décor polychrome, de belle qualité.

IMPRIMERIE A. MAULDE ET Cie

Rue de Rivoli, 144

www.ingramcontent.com/pod-product-compliance
Ingram Content Group UK Ltd.
Pitfield, Milton Keynes, MK11 3LW, UK
UKHW022343170726
13837UKWH00005BA/2380